Pablo Silva
Albeza Guzmán

Conceptualizar los Panches

Pablo Silva
Albeza Guzmán

Conceptualizar los Panches

Leer y pensar la cultura del valle del rio Magdalena

JustFiction Edition

Imprint
Any brand names and product names mentioned in this book are subject to trademark, brand or patent protection and are trademarks or registered trademarks of their respective holders. The use of brand names, product names, common names, trade names, product descriptions etc. even without a particular marking in this work is in no way to be construed to mean that such names may be regarded as unrestricted in respect of trademark and brand protection legislation and could thus be used by anyone.

Cover image: www.ingimage.com

Publisher:
JustFiction! Edition
is a trademark of
Dodo Books Indian Ocean Ltd. and OmniScriptum S.R.L publishing group

120 High Road, East Finchley, London, N2 9ED, United Kingdom
Str. Armeneasca 28/1, office 1, Chisinau MD-2012, Republic of Moldova, Europe
Printed at: see last page
ISBN: 978-620-6-74236-4

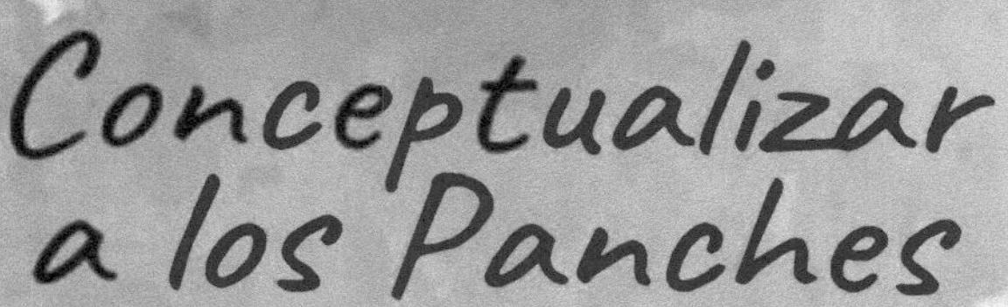

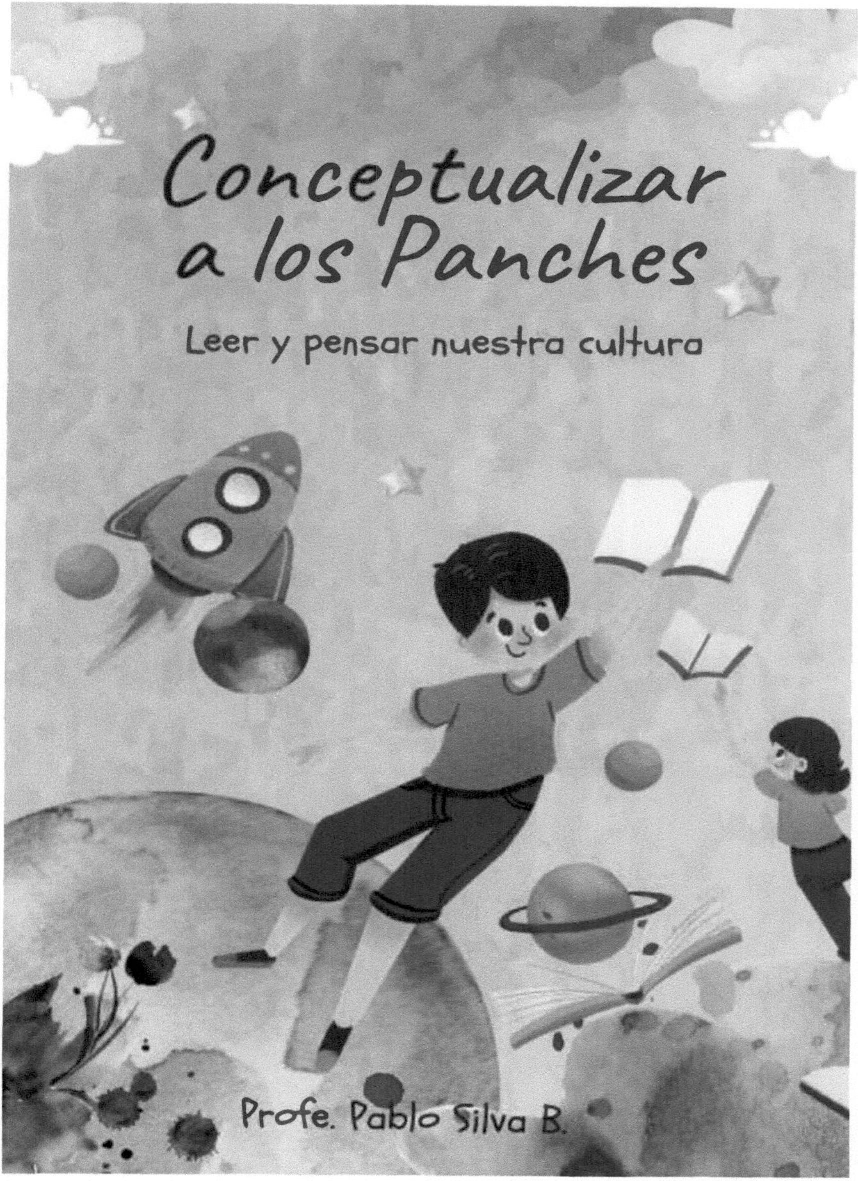
Conceptualizar a los Panches
Leer y pensar nuestra cultura
Profe. Pablo Silva B.

Índice

PRESENTACIÓN

Enseñar es un privilegio y una oportunidad invaluable, siempre llena de asombros. En uno de los talleres del Club Infantil de Lectura del Centro Cultural del Banco de la República de Girardot, una niña preguntó: ¿Quiénes fueron nuestros antepasados que vivieron en este lugar?

Para responder a esta pregunta iniciamos con mi compañera de equipo, una búsqueda bibliográfica en bibliotecas, museos, lugares emblemáticos donde habitaron nuestros antepasados y entrevistas con personas conocedoras de esta cultura. Una verdadera aventura motivacional y cognitiva.

Sabemos que, la mente lectora infantil y adolescente se nutre de nociones, proposiciones y conceptos. Estos facilitan valorar, pensar y comprehender cualquier texto. Como este de "Los Panches" que hoy nos enamora y que pretendemos conceptualizar en esta compilación académica.

Aunque fueron humillados y exterminados por los invasores europeos, tenemos el derecho de conocer su historia y su pensamiento. Esperamos suscitar una oportunidad de diálogo y reflexión sobre nuestra identidad, en busca de un mejor porvenir para quienes nos sentimos orgullosos descendientes de esta valiosa cultura: nuestros tatarabuelos los Panches.

PRIMERA PARTE

¿De dónde vinieron nuestros antepasados?

Provienen de África. Hace más de 150 mil años, los primeros Homo Sapiens Sapiens, de la especie Cromagnon, experimentaron un gran desarrollo evolutivo: afectivo (sentimientos), cognitivo (pensamientos) y expresivo (lenguajes y acciones), logrando dominar su entorno y avanzar hasta Europa. Allí interactuaron hace 50 mil años con otra especie Homo Sapiens, los Neanderthal, los cuales se extinguieron hace 40 mil. Mientras que los Cromagnon avanzaron hacia Asía, en busca de mejores oportunidades de vida. También por el deseo natural de conocer y aprender; puesto que, para esto está diseñado el cerebro humano.

En esta primera ruta del poblamiento del planeta, estos exploradores fortalecieron la familia humana y con ella nacieron la magia, la espiritualidad y el arte. "Gracias a este Big Bang psicológico estuvieron aptos para colonizar todo el globo terráqueo", según lo afirma Miguel De Zubiría, en su obra Cómo funciona la mente humana.

Estos humanos modernos, ya en Asia, hace aproximadamente 30 mil años, lograron avanzar en tiempos de glaciación, cuando el océano Ártico estaba congelado, para cruzar por el estrecho de Bering, hacia Norteamérica, como se muestra en el siguiente mapa.

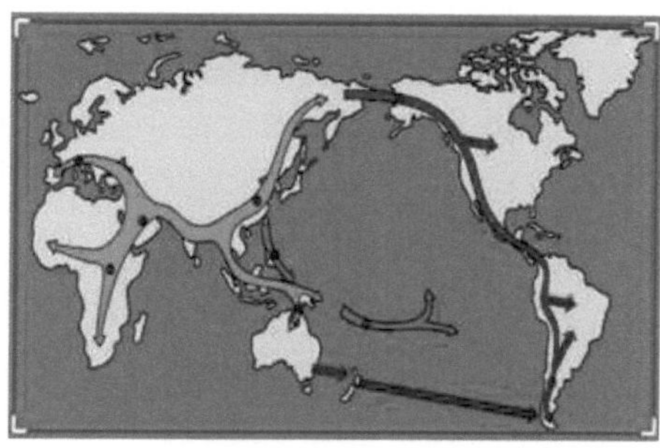

Sostener la especie humana viva a través de la familia y el calor del hogar, no ha sido fácil. Con mucho esfuerzo, vencieron grandes obstáculos y nos posibilitaron nuestra actual humanidad.

Poblamiento de América

Estos valientes antepasados, exploraron durante miles de años el territorio que hoy se conoce como Norteamérica. Poco a poco se asentaron en lugares seguros, con abundante agua, vegetación, caza y pesca.

Algunos representantes de estas culturas milenarias son los Siux, Cherokees, Dakota, los Apaches de Texas y el pueblo Hopi de Arizona. Cada grupo humano construyó una forma de vida propia, según el medio y sus necesidades: vestimenta, herramientas para la caza y pesca, adornos para sus fiesta, creencias religiosas y formas de comunicación.

En este trayecto de tiempo y espacio, su cerebro continúo desarrollando formas superiores de pensar y de comprehender la realidad circundante.

Aparecen los idiomas y se van consolidando las relaciones en los grupos, avanzando como especie humana. Hoy, en Estados Unidos habitan en reservas cerca de 10 millones de nativos, organizados en 570 grupos.

Florecen las culturas Azteca y Maya

Nuestros aborígenes continuaron explorando por tierra y por mar, caminaron y navegaron mucho hasta llegar a Centroamérica.

Luego de años se asentaron en el mejor lugar. Estos grupos humanos dieron origen a los famosos pueblos: Aztecas y Mayas. Habitaron lo que hoy es México, Guatemala, Honduras, El Salvador y demás países centroamericanos.

Respecto a otras culturas de la época, estos pueblos dieron un salto cualitativo en la comprehensión profunda y practica de la ciencia, filosofía y organización social. Cultivaron el maíz con técnicas avanzadas que les proporcionó buen alimento y bebida. Construyeron grandes templos y fortalezas. Diseñaron el calendario astronómico, que es uno de los adelantos científicos más sobresaliente en la evolución del pensamiento humano.

En la actualidad, en México existen 67 comunidades ancestrales protegidas.

Los Sapiens Sapiens por Suramérica

Aún no hay suficiente claridad sobre las rutas ni las fechas del poblamiento suramericano. Las investigaciones afirman que hace más de 20 mil años ya caminaban humanos por estas tierras.

Algunos historiadores sostienen que vinieron de América del norte, penetraron a través del Istmo de Panamá y se extendieron hacia el sur. Otros afirman que llegaron a suramerica, provenientes de Australia y la Polinesia y de ahí, se extendieron hacia el norte del continente.

También hay quienes dicen que llegaron desde Australia, por la Antártida. Un reto físico e intelectual duro, para vencer tantas adversidades e inclemencias de la naturaleza.

Luego empezaron a constituirse en sociedades sedentarias: es decir, establecerse en un mismo lugar, dando origen a los primeros pueblos y sociedades del continente.

Lo cierto es que, los primeros pobladores suramericanos exploraron estas tierras durante muchos años, como cazadores y recolectores, nómadas y seminómadas. Hacer esta transición, talvez fue lo más exigente para nuestros tatarabuelos. Adaptarse es cuestión de pensar, probar posibles soluciones, ensayar hasta resolver los problemas o necesidades. La principal solución fue inventar la agricultura y la domesticación de animales, gran salto evolutivo de la especie humana.

Cabe mencionar que, en otros lugares de la Tierra, ya existian sociedades sedentarias como en: Mesopotamia, Egipto, India y China, desde más de 10 mil años.

Estas sociedades cultivaron plantas, construyeron ciudades, inventaron la lectoescritura, la matemática, la religión y se consideran como las grandes civilizaciones antiguas.

El hecho más relevante en este período de la historia humana, fue el descubrimiento de la escritura. Este invento ocurrió en Sumeria, hace apenas 6 mil años y partió la historia humana en dos: la prehistoria y la historia.

En el continente americano, según las evidencias arqueológicas encontradas, desde hace 5 mil años ya existían pueblos aborígenes sedentarios, con importantes desarrollos culturales.

Los Incas de Perú, los Mapuches en Chile, los Guaraníes en Uruguay, los Aymaras en Bolivia, los Puruhaes en Ecuador, los Tikúna en Brasil, los Charrúa en Argentina y los Taironas en Colombia.

El Imperio Inca tuvo una organización administrativa muy sólida. Procuraba el bien común de sus habitantes, mediante la idea del "Buen vivir en armonía con la naturaleza".

Sus principios de vida fueron: ama Shua, no robarás; ama Llulla, no mentirás y ama Killa, no serás ocioso.

Los Incas tenían una naciente escritura y un sistema numérico llamado los Kipus.

Se extendieron desde el norte de Chile y Argentina, Bolivia, Perú, Ecuador y la parte sur de Colombia.

Actualmente, en Suramérica viven unos 10 millones de aborígenes.

Primeras huellas humanas en Colombia

Mediante las evidencias arqueológicas y antropológicas descubiertas en el oriente, en la montaña sagrada "El Chiribiquete", se concluye que hubo humanos explorando por la zona, desde hace 20 mil años. Son impresionantes pictografías rupestres, o sea dibujos pintados sobre piedras, por los Karijona de lengua Caribe, provenientes de Brasil.

En Tocaima, Cundinamarca, capital cultural de nuestros tatarabuelos los Panches, se han encontrado evidencias de cazadores de mega fauna, datadas de hace 16 mil años, como se aprecia en el museo de Pubenza.

También hay señales de presencia humana de hace 12 mil años en la zona del Tequendama.

Según sostiene Virgilio Becerra, "en Zipacón, Cundinamarca, por ejemplo, se hallaron cerámicas con 3.270 años de antigüedad".

Estas son evidencias de sedentarismo en la zona central del país, periodo denominado Herrera.

Igualmente hallaron allí, restos de vegetales como aguacate, cangrejos de río y pecarí (mamífero parecido al jabalí), indicando con esto, una relación con los pueblos ya sedentarios, del valle del Magdalena, los pueblos antepasados de los Panches.

También se tienen evidencias de cerámicas y utensilios de trabajo hallados en excavaciones que corresponden a la cultura Arrancaplumas en Raudales de Honda. Esta se asemeja con la hallada en Madrid, Cundinamarca, correspondiente al periodo Herrera datada en esas mismas fechas. En el espinal tambien se destaca la artística cerámica del Complejo Montalvo.

Todas estas son las primeras evidencias de pensamiento abstracto, tecnológico y afectivo-familiar en la evolución de la mente humana del Homo Sapiens Sapiens, con conciencia de su intelecto, en territorio colombiano.

En lo que hoy es nuestro país, se han identificado por lo menos tres principales Familias Lingüísticas originarias, a las que pertenecen el resto de comunidades.

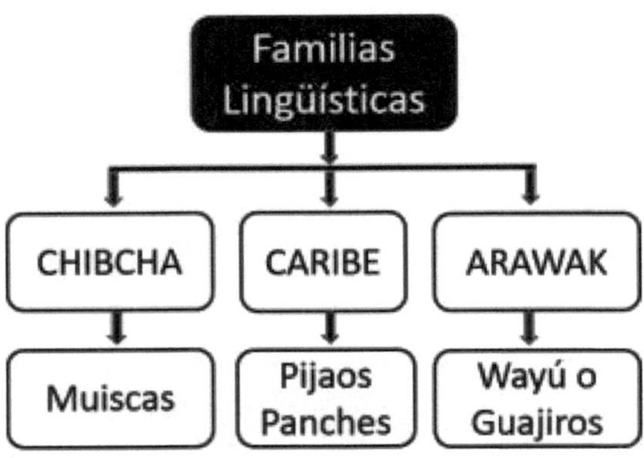

SEGUNDA PARTE

¿Quiénes son nuestros antepasados?

En este capítulo abordaremos las proposiciones esenciales que representan la cultura Panche. Estas fueron trabajadas en el Club Infantil de Lectura, para comprehender pensamientos esenciales tales como: Todos los Panches son ecologistas. Algunos Panches son Acaimas. Los Panches se diferencian de los Muiscas. Luego, estos pensamientos se organizaron respondiendo a las siguientes 4 preguntas claves que estructuran un concepto.

Preguntas conceptuales

1. ¿A qué clase de cultura pertenece la cultura Panche?
2. ¿Qué caracteriza esencialmente a los Panches?
3. ¿De quiénes se diferencian los Panches?
4. ¿Qué clases de Panches hay, según su organización?

Estas preguntas exigen a la mente hacer cuatro operaciones intelectuales: 1. Supraordinar 2. Isoordinar 3. Excluir 4. Infraordinar.

Finalmente, se representan estas operaciones con el ideograma denominado "mentefacto conceptual".

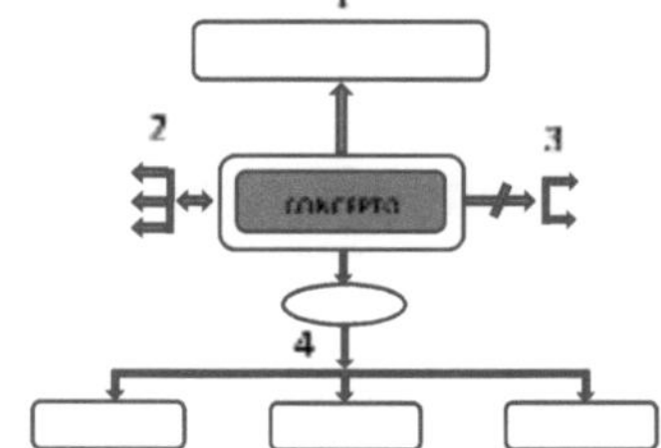

1. ¿A qué clase de cultura pertenecen los Panches?

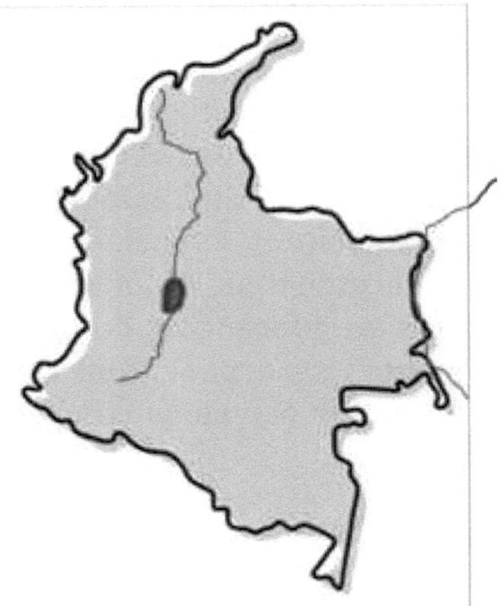

Los Caribes, durante mucho tiempo exploraron buena parte del territorio oriental del actual Colombia. Se sabe que subieron por el río Orinoco, hacia la costa Atlántica de Venezuela y la bordearon hasta llegar a la desembocadura del río Magdalena e ingresaron al centro del país.

El siguiente mapa adaptado de Google delimita el territorio Panche con sus vecinos. También se ubican algunas poblaciones actuales: Honda, Mariquita, Sasaima, Viotá, Tibacuy, Apulo, Ambalema, Guataquí, Coello, Ibagué, Tocaima, Anapoima, Anolaima, Nilo, la Mesa, Guaduas, Armero, Ricaurte y Girardot.

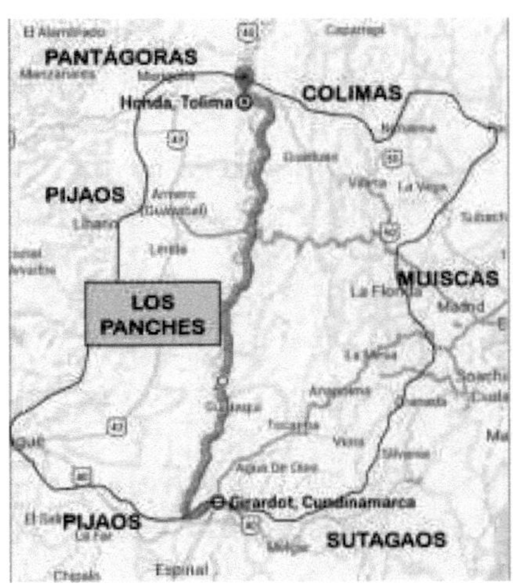

Nótese que la terminación IMA que aparece en

muchos nombres originales (toponimia) de los pueblos Panches, en lengua Caribe significa: "grupo de gente y su territorio". De ahí que, el líder tuviera el mismo nombre de su pueblo. Lider: Nimaima, pueblo Nimaima. Líder: Anolaima, pueblo Anolaima.

Según el historiador Fernández Piedrahita, los Panches vivieron en armonía con su territorio y no tenían afanes expansionistas, a pesar de algunas incursiones contra sus vecinos los Muiscas, en tiempos de escasez. La Cultura Panche vivió en estos territorios antes de la llegada de Cristóbal Colón a América, por lo que pertenece a las culturas aborígenes precolombinas o prehispánicas.

Por tanto, los Panches son una etnia aborigen precolombina que vivió en los valles del Alto Magdalena.

2. ¿Qué caracteriza esencialmente a la cultura Panche?

2.1. Los bogas del Yuma

Escogieron como su hábitat permanente los hermosos valles del gran río "Yuma" o río amigo, como lo llamaban los aborígenes, hoy, rio Magdalena.

Este territorio comprende la parte sur occidental del actual departamento de Cundinamarca y la parte nororiental del Tolima.

La palabra Panche significa "bagre", nombre del pez más abundante. Por su actividad constante en la boga del río, desarrollaron una contextura física fuerte. Elaboraban sus canoas, herramientas para la pesca y comerciaban el pescado fresco y salado, con los pueblos vecinos.

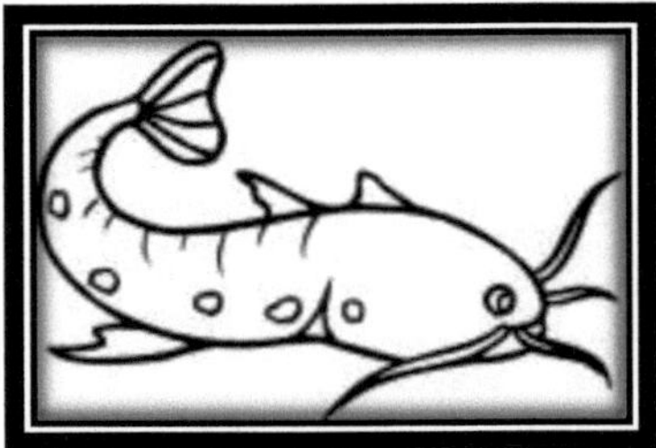

Señalan los antropólogos Rodríguez Cuenca y Cifuentes Toro que "los Panches tenían abundancia de productos, por lo que podían ser solidarios y hospitalarios anfitriones de sus amigos y enemigos". El río fue el eje central de su vida.

La proposición final de este apartado es: Algunos Panches tenían como oficio la boga por el Yuma y sus afluentes, como pescadores, transportistas y comerciantes.

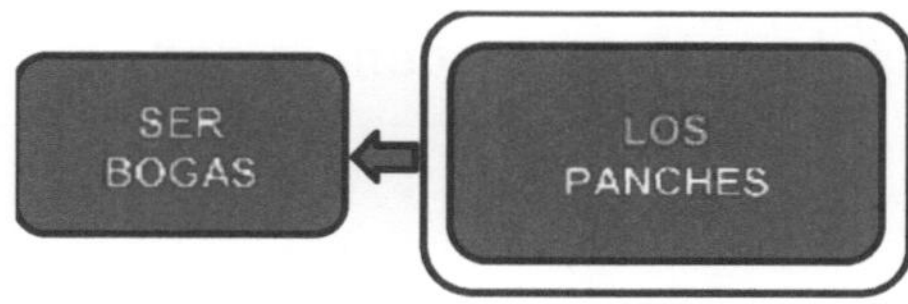

2.2. Aborígenes protectores del ambiente

Los Panches quizá fueron nuestros antepasados de mayor conciencia ecológica. Ellos practicaron el principio del "buen vivir en armonía con la naturaleza". Su cosmovisión les permitía: optimizar pisos térmicos, realizar cultivos rotativos, una caza regulada, respetar las fechas de subienda del pescado y el cuidado fundamental del agua.

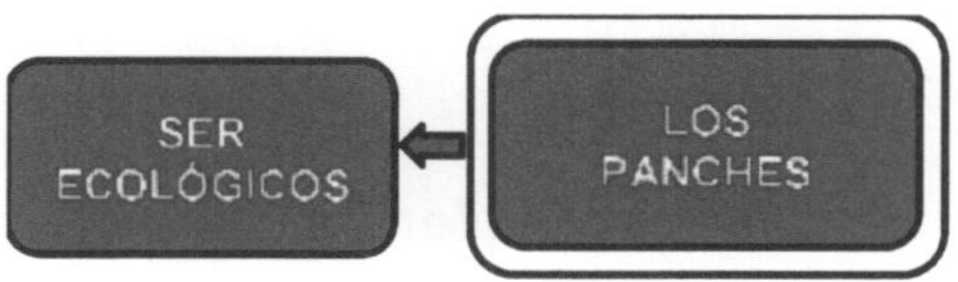

Su alimentación fue rica en proteínas, gracias a la abundante pesca y caza. Rica en vitaminas y reguladores, con frutas y legumbres de gran variedad.

En sus intercambios o trueque de sus productos con las comunidades vecinas aplicaban el principio de reciprocidad. Todos los Panches procuraban mantener un "equilibrio viable" entre los recursos proporcionados por el medio ambiente y las necesidades de la comunidad.

2.3. Los petroglifos sintetizan pensamientos

Nuestros antepasados registraron sus códigos de espiritualidad y convivencia en signos e imágenes. Como en ningún otro lugar de Colombia, en el territorio de los Panches se encuentran abundantes y significativos ideogramas llenos de mensajes, que, aún no se logran descifrar.

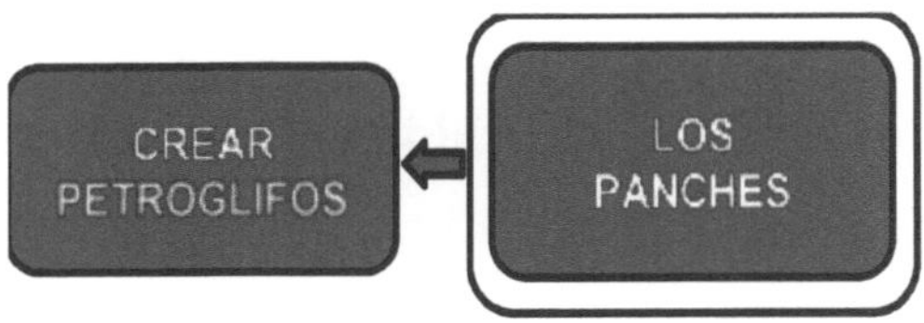

Esta es la mejor evidencia de evolución del pensamiento simbólico - abstracto de nuestros antepasados. Pensamiento muy avanzado respecto a otras culturas.

Por ejemplo, el petroglifo del Universo Panche en la Laguna Salcedo, Apulo, representa el tiempo en espiral y no lineal, como se aprecia en la parte inferior derecha de la siguiente imagen.

En Colombia y en América los petroglifos fueron los papiros en los que se plasmaron las primeras páginas de nuestra historia. Estos antepasados realizaron todo tipo de petroglifos: geométricos, figurativos, antropomorfos y zoomorfos.

Se destacan en el territorio Panche: La piedra del parto en el cerro sagrado del Kininí, máximo símbolo de la fertilidad.

La piedra del sol en Nilo, con el Calendario Solar, representa el saber astronómico ancestral, con 364 días, 14 meses y 8 horas.

En Viotá, cerca de la hacienda "Ceilán", se encuentra el petroglifo de la infidelidad y sus castigos, como regulación de la convivencia. Cerca de Tocaima está el calendario Lunar que regía toda la actividad agrícola y la pesca.

La naciente escritura Panche fue destruida por la ignorancia de los españoles, quienes solo validaron el alfabeto castellano y no comprendieron los símbolos abstractos de nuestra cultura. Los consideraron seres sin alma, animales de carga, no humanos.

Los petroglifos no son dibujos, son ideogramas o constructos teóricos grabados en piedra que merecen ser reconocidos, estudiados y admirados como un aporte a la evolución del pensamiento universal.

No podemos seguir avergonzados de nuestra cultura y seguir ignorándola, su aporte es valioso. Los petroglifos sintetizan pensamientos de la cultura Panche y fueron antesala de su escritura.

2.4. Los Panches valoraban a la mujer

Hay evidencias de la admiración y valoración que los Panches varones, tenían hacia la mujer. Rendian culto a su fertilidad y la comparaban con la madre Tierra. El nacimiento era sagrado y lo hacían en la piedra del parto, más cercana. Registraban en petroglifos las fases del crecimiento de la mujer y el número de hijos que tenian.

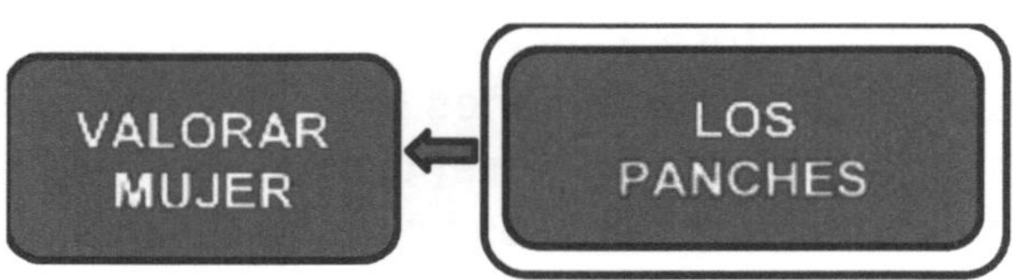

El rol protagónico de la mujer en las negociaciones de paz con sus vecinos y con los españoles, evidencia su capacidad de expresión para poner fin a los conflictos.

La mujer fue valorada por dominar el saber práctico del uso medicinal de las plantas y por su rol chamánico.

En la crianza de los niños, las madres les alargaban el cráneo con tablillas para infundir sensibilidad social y heroísmo, según sus creencias. También para rendir homenaje a la cabeza plana o pancha del pez bagre, su principal alimento. Además, les provocaban el crecimiento anormal de la pantorrilla y el brazo, por medio de cintas apretadas, para que demostraran fortaleza y vigor.

Señala el historiador Miguel Ángel Rico que las mujeres conocieron el arte del hilado y el tejido, aunque en forma rudimentaria, lo que puede ser comprobado por los husos de piedra encontrados en urnas funerarias Panches.

Por su fortaleza, cuidaban del hogar y participaban en apoyo a la defensa de su territorio.

Ellas, ilustres, pero olvidadas, hoy deben recordarse con orgullo y admiración. Protagonistas de la historia como la Gaitana, Yulima, Anacaona, Aguaymota, Anapuya, Francisca Bella, Orocomay y muchas más. Suficientes razones hay para concluir que, todos los Panches varones, valoraban a la mujer.

2.5. Ningún Panche es antropófago

El calificativo de antropófagos asignado por los conquistadores es desmentido por varios investigadores. Ángel Antonio Martínez, sostiene que sus herramientas fueron para la navegación, la pesca, la agricultura y no para la guerra.

Si habitaban en una tierra fértil con diversidad de paisajes y cultivos, pues no necesitaban alimentarse con carne humana, en la abundancia de pescado, venado y otros animales del monte.

Su concepto de la religión o creencia en un Ser Superior la sentían como un vínculo entre el hombre y el universo.

Consideraban que sus muertos se iban a otra vida después de la muerte y que continuaban haciendo los mismos oficios, por eso les enterraban con sus herramientas, alimentos y joyas. Valoraban sus muertos como humanos, no como animales, menos, para el consumo alimentario. Como dice Ruth Consuelo Chaparro, de la Fundación Caminos de Identidad: "El humano y el entorno eran un todo".

Practicaban también el entierro secundario. Después de un tiempo del entierro primario, eran recuperados y tratados sus restos.

Luego, eran colocados en urnas y ubicados en lugares sagrados, tipo oratorios, bajo tierra, denominados Guacas. Allí eran recordados. Se exaltaba el valor de la familia y el heroísmo de los antepasados.

Muchas evidencias de tumbas se han encontrado a orillas del alto Magdalena; de ahí que, a una parte del río, se le conoce en lengua quechua, como Guaca-Hayo o río de las tumbas.

Finalmente, explica el historiador Javier Fernando Aranda que "los españoles trajeron sus perros mastines entrenados para comer carne humana." Para calmar su conciencia, se inventaron la leyenda negra de los Panches antropófagos.

"No hay ninguna prueba arqueológica que demuestre la cocción de carne humana; las ollas grandes que vieron los cronistas, eran urnas funerarias", según Aranda. Por lo tanto, Níngún Panches es antropófago.

2.6. Heroísmo y resistencia

Aquí vivieron aproximadamente 150 mil Panches, quienes tenían una forma de pensar, sentir y actuar procurando el bienestar colectivo al individual.

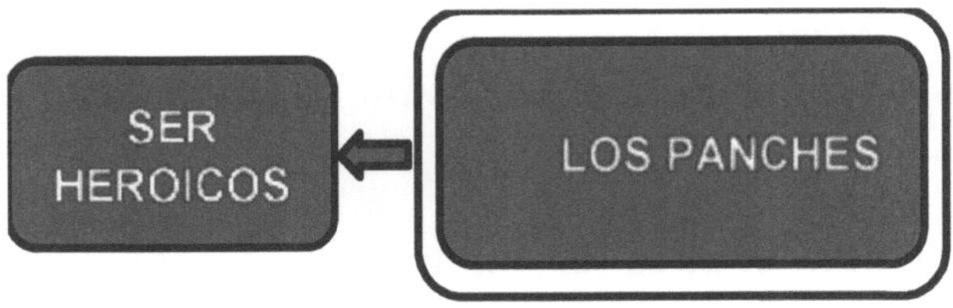

Ellos se vieron obligados a asumír el riesgo y el sacrificio por defender su comunidad ancestral, al punto de ofrendar su vida por sus principios, tras la invasión española.

La llegada de Colón en 1492 y los viajes de exploración por el mar Caribe y el Istmo de Panamá, les abrió mejores posibilidades de conquistar Suramérica, aún sufriendo el agreste territorio, su valentía fue mayor.

En 1513, Vasco Nuñez de Balboa con apoyo de los nativos panameños, descubre el mar del sur, al que llamaron después Océano Pacífico. Este hecho trascendental, le abrió la ruta a Francisco Pizarro en 1524, para conquistar el imperio Inca y todas sus riquezas en oro y plata.

Se incrementaron luego las diferentes expediciones y la fundación de ciudades españolas en toda América.

Refiere el investigador Miguel Ángel Rico, en Historia y Geografía de Tocaima que, Gonzalo Jiménez de Quesada, ya posesionado del territorio Muisca, en 1537 envía sus exploradores a los territorios del occidente y del sur de Cundinamarca. Allí se encontraron con la tenaz resistencia de los Panches.

Entonces, regresan, informan y aprovechan para hacer alianza con los líderes Muiscas, quienes tenían conflicto por la sal que necesitaban los Panches.

Los Muiscas aportaron sus guerreros mejor entrenados, denominados: Guechas. Cerca de Viotá, los Panches son sorprendidos por la caballería española. El Capitán Juan de San Martín mata al Síquima Conchima y los guerreros Panches son derrotados.

El empeño de los españoles era abrir un camino seguro, sin Panches, de Bacatá al Magdalena, en el embarcadero de Guataquí y el paso de canoas, hoy Girardot. Esto, para tomar el río hacia el norte rumbo al mar Caribe y de ahí a España. Igualmente, para abrir la ruta hacia las tierras del suroccidente, donde Francisco de Orellana había fundado en 1535 Guayaquil, Ecuador. Belalcázar había fundado en 1537 Popayán. Y para apoyar también la conquista del Perú.

En 1538, el propio Jiménez de Quesada, con sus mejores capitanes, 50 soldados y 12 mil nativos Muiscas, atacó a los Panches. En Anolaima se presentó el primer combate, siendo derrotada la alianza española- Muisca, según lo informan varios historiadores.

Al día siguiente, cerca de Anolaima, tuvo lugar el que se denominó Combate de Tocarema, en el que diezmaron a los valientes Panches, con el poderío de las armas de fuego y sus perros mastines, cebados con carne humana.

Los Muiscas realizaron un ataque simulado y huyeron; al ser perseguidos por los Panches, la caballería española, que se había escondido, atacó por la espalda, causando gran mortandad entre los nativos.

El sometimiento de la población originaria de estas tierras, fue tal que, para 1539 pasaron rumbo a España los tres conquistadores Quesada, Federmán y Balalcázar, sin que ningún Panche los atacara.

Ellos embarcaron en Guataquí, rumbo al Atlántico, luego hacia España, a fin de exigir ante el Rey, los títulos de posesión del Nuevo Reino.

En 1540, Hernán Pérez de Quesada, realiza otra campaña en la que ordena ahorcar a los Síquimas Tocarema y Anolaima, así como quemar el poblado de Anapoima. Esta tarea la ejecutó el capitán Hernán Venegas Carrillo, quien luego fundaría Tocaima.

La resistencia continúa. Años más tarde, el Síquima Bituima es nombrado jefe de una coalición entre los Nimaimas, Cacaimas y Bituimas. En 1543 estos Panches derrotaron a Fernán Pérez de Quesada en su intento de abolir los pueblos nativos. Pero finalmente los castellanos exterminaron a los nativos.

Años después, rumbo al oro de Mariquita, el capitán Hernán Venegas Carrillo vence al Síquima de Apulo. Y siguiendo por el río Patí o Bogotá, encuentra a Tocaima, la ciudad sagrada de los Panches y sede del Jefe Guacaná. Este, en su visión pacífica, los recibe con ofrendas y permite la fundación de una ciudad española, evitando así la abolición de su gente.

Con fecha de marzo de 1544 se funda la "Muy noble e hidalga ciudad de San Dionisio de los Caballeros de Tocaima", como se lee en el obelisco de la ciudad actual.

Sin importar el engaño y el consecuente desconcierto de los Tocaimas, los españoles continuaron el ataque al resto de tribus Panches. Su propósito era someter además a todas las tribus Pijaos y a las del suroocidente del país.

Otros Síquimas que opusieron resistencia fueron: Lutaima, Lichinú, Ibiantor, Calandaima, Iqueima y otros.

Sus tierras se entregaron en "Encomiendas" a los señores españoles. A los pocos nativos que quedaron vivos, se les concentró en poblaciones que sólo conservaron su nombre original, antecedido del nombre de un santo católico.

En cada poblado fueron esclavizados para el servicio de los criollos, en la boga, las minas y la agricultura de cereales en las haciendas.

En pocos años, los nativos Panches pasaron de ser dueños de su hábitat, a esclavos de los caballeros castellanos.

Desde las capillas doctrineras se les cambió su religión y costumbres. Para 1577 se emite la Real Cédula que prohíbe a los españoles y criollos, hablar siquiera sobre los nativos, porque, "según la iglesia católica de sus majestades, así convine al Reino de Dios".

Después de haberles arrebatado todo y tras una heroica resistencia, los últimos Panches que sobrevivieron al exterminio español, acudieron al cerro sagrado Kininí y recordaron su principio:

"Porque nacimos en libertad, jamás seremos esclavos de los invasores". Y se arrojaron al vacío desde la "piedra del indio."

Así narro Carlos Humberto Pinzón, el guía que orientó nuestro recorrido por la reserva natural del Kininí, municipio de Tibacuy, Cundinamarca.

Ante la diezma de la gente nativa en todo el territorio americano, se incremento el negocio de los esclavos negros traídos de África. Practica común en Portugal, Francia, Inglaterra y España, por ejemplo, en 1478 en la Guerra de Sucesión Castellana.

3. ¿De quienes se diferencian Los Panches?

Se diferencian de sus vecinos. A partir del espacio territorial en que se ubicaron sus vecinos eran: los Pijaos, Pantagóras, Colimas, Sutagaos y Muiscas.

Con ellos y con otras comunidades más lejanas, los nativos del Yuma mantenían relaciones de amistad, entretejieron una cultura, compartían lenguajes, saberes y comerciaban o intercambiaban productos con facilidad. De vez en cuando tenían conflictos.

3.1. Panches y Pijaos hermanados pero diferentes

Provenientes de la misma familia lingüística Caribe, hablaban el mismo idioma, con ligeras diferencias locales, tenían creencias y desarrollos culturales parecidos.

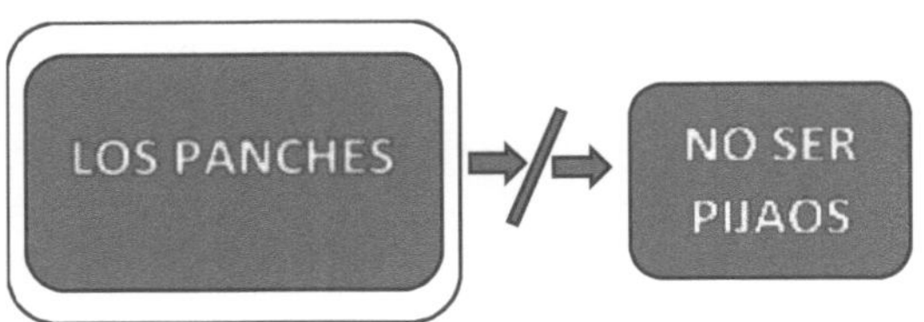

Panches y Pijaos representan el espíritu heroico y de resistencia aborigen. Los Panches fueron sometidos en apenas 20 años; en tanto que los Pijaos resistieron 60.

Algunos autores reconocen a los Panches como una comunidad independiente de los Pijaos. Otros sostienen que los Pijaos se separaron de los Panches y se localizaron hacia el sur, hasta el Huila (Tolima grande), a partir del traslado del pueblo de Cajamarca, a la actual ubicación de Ibagué. Los Panches se diferencian de los Pijaos en su cosmogonía.

3.2. Los Panches buenos vecinos de los Muiscas

Durante muchos años, estos dos pueblos convivieron pacíficamente como buenos vecinos, se apoyaron y compartieron. Cada uno construyó una forma de ser y de pensar propios, acorde a las exigencias de su medio, origen y espiritualidad.

Una diferencia notable entre estas dos culturas es que los Panches hablaban lengua Caribe y vivían en valles; mientras que los Muiscas hablaban lengua Chibcha y habitaron en zonas de montaña, entre 2 mil a tres mil metros de altitud.

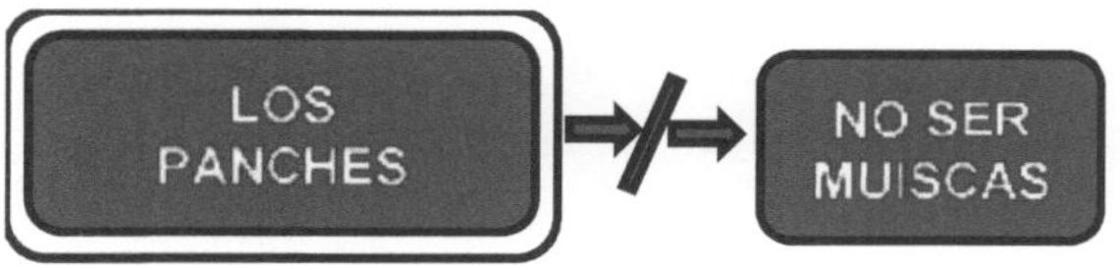

4. ¿Qué clases de Panches se conocen?

En su convivencia, los Panches se agrupaban en varias tribus autónomas, igualitarias, vinculadas por el idioma, costumbres, desarrollos materiales o tecnológicos y por su forma de pensar. Su organización social era de carácter horizontal, como se aprecia en el siguiente diagrama, no vertical, como en el caso de los cacicazgos.

Por su organización

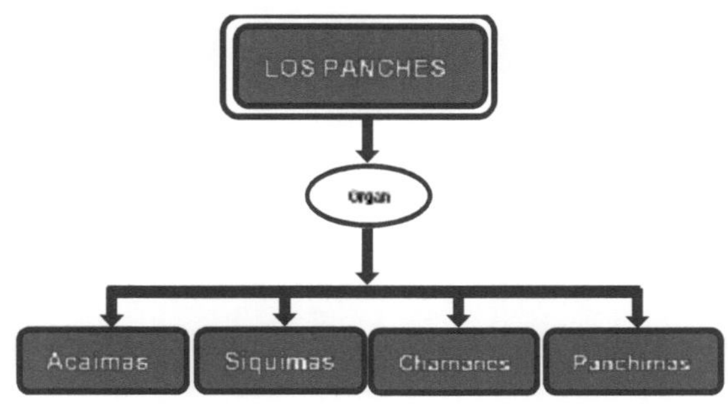

Acaimas

Se conoce de la existencia de un grupo de sabios y ancianos, personas importantes, denominados "Acaimas". Ellos aconsejaban a los líderes en asuntos importantes para la convivencia de la comunidad. Tomaban decisiones, resolvían conflictos con vecinos, hacían alianzas, acordaban asuntos comerciales y asignaban los nombres a los pueblos.

Síquima

Cada tribu autónoma tenía un líder o Síquima. Era nombrado por su comunidad, según exigencias o necesidades de la época.

Por ejemplo: en temporada de pesca, en época de cultivo, de cosecha, de guerra o para celebración de fiestas, se nombraba a los líderes más experimentados para cada actividad. Practicaban la meritocracia.

En conclusión, algunos Panches, por su organización, asumían el rol de líder o Síquima.

Chamanes

Los "Chamanes", hombres o mujeres, sabios y sabias universales, formados para entender asuntos de la cosmogonía y cosmovisión (origen de la vida, la existencia y el más allá).

Dominaban el uso de las plantas medicinales para curar dolores del alma y del cuerpo. Gozaban de autoridad espiritual para intermediar entre las deidades y el ser humano. Tenían como Dios universal a Nacuca o Nanuco, creador de todo lo que existe.

Rendían culto a la naturaleza a las montañas, al sol y a la luna. El cerro Kininí, entre Tibacuy, Nilo y Viotá era el centro ceremonial de la diosa Luna. También veneraban a la diosa de las nieves, Tulima. En cada comunidad Panche era imprescindible que algunos aborígenes fueran Chamanes.

Panchimas

La gente del pueblo, denominada "Panchimas", se dedicada a los quehaceres de la vida cotidiana: el cuidado de la familia, la educación, las labores domésticas, la caza, la pesca y la protección del ambiente. Todos velaban por el bien común.

TERCERA PARTE

La didáctica lectora

La primera "operación psicolingüística" que rige nuestra didáctica, es la *Exploración de Textos* para la búsqueda de información pertinente. Aquí se ejercita la *Fluidez Lectora* con los niños que llegan al Club de Lectura a primer nivel.

Luego, con los estudiantes que ya han estado dos periodos, se trabaja el material bibliográfico recopilado, con la operación psicolingüística *Relievar Oraciones Completas.* Estas responden al propósito de lectura, con preguntas como: ¿Quiénes fueron nuestros antepasados? ¿Qué idioma hablaban? ¿De qué se alimentaban? ¿En qué trabajaban? ¿Quién los gobernaba? ¿Cómo fue su educación?

Con las oraciones seleccionadas se avanza en la operación *Inferir,* la más compleja para la edad de los niños del Club: 8 a 12 años. Se extraen pensamientos aristotélicos y pensamientos modales, garantizando la comprehensión de los textos trabajados.

Por último, para visualizar mejor el pensamiento, se usan los *Mentefactos* o ideogramas para la enseñanza de las operaciones psicolingüísticas de la lectura. La ruta del aprehendizaje es:

1.LEER FLUIDO 2. RELIEVAR. 3. INFRIR. 4.MENTEFACTUAR: NOCIONES, PROPOSICIONES Y CONCEPTOS.

Estructura conceptual

Los mentefactos son herramientas didácticas para representar gráficamente pensamientos jerarquizados y relacionados lógicamente. Fueron creados por el colombiano Miguel De Zubiría Samper y se aplican en varios países latinoamericanos. Facilitan captar el pensamiento del autor.

Los pensamientos proposicionales inferidos o extraidos al leer, se ordenan uno a uno, según las peraciones intelectuales del concepto. Esa síntesis, es la que el cerebro registra como nuevo aprehendizaje.

Como autores, no teníamos el concepto de cultura Panche. Ahora, ya es parte de nuestro ser intelectual. Pero también es parte de nuestro ser afectivo, porque comprehendemos la valentía de estas personas, su esfuerzo por heredarnos un mundo mejor y porque incrementaron nuestro intés investigativo.

El siguiente organizador gráfico se lee a partir del recuadro central, siguiendo la dirección de las flechas y los números.

La estructura del concepto la constituyen tanto el diagrama, como las correspondientes proposiciones.

Mentefacto Conceptual
Los Panches

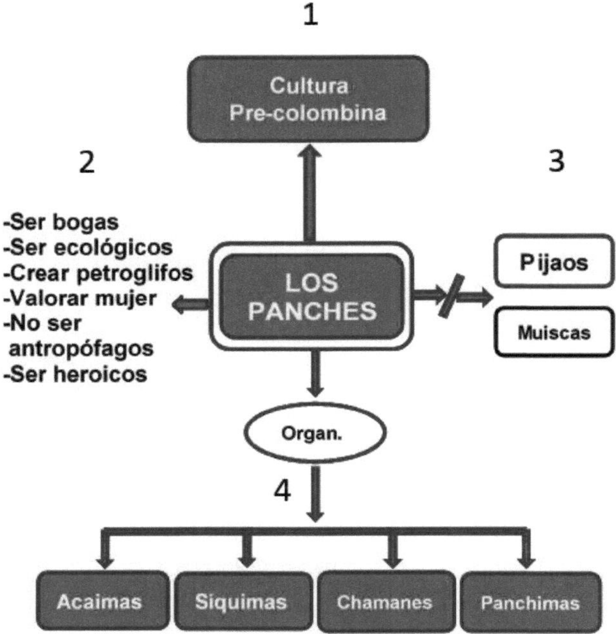

Proposiciones del concepto

P1. Los Panches son una etnia aborigen precolombina que vivió en los valles del Alto Magdalena.
P2.1. Algunos Panches tenían como oficio la boga por el Yuma y sus afluentes, como transportistas y pescadores.
P2.2. Todos los Panches procuraban mantener un "equili-

brio viable" entre los recursos proporcionados por el medio ambiente y las necesidades de la comunidad.
P2.3. Los petroglifos sintetizan pensamientos de la cultura Panche y fueron antesala de su escritura.
P2.4. Todos los Panches varones valoraban a la mujer.
P2.5. Ningún Panche es antropófago.
P2.6. Los Panches son aborígenes símbolo de heroísmo y resistencia.
P3.1. Los Panches, aunque pertenecían a la misma familia Caribe, se diferencian de los Pijaos en su cosmogonía.
P3.2. Los Panches hablaban lengua Caribe, mientras que los Muiscas hablaban lengua Chibcha.
P4. Su organización social estaba constituida por los Acaimas, Síquimas, Chamanes y Panchimas.

Talleres del Club de Lectura

AGRADECIMIENTOS

Expresamos un agradecimiento al personal de las bibliotecas públicas de: Apulo, Tocaima, Anapoima, La Mesa, Guataquí, Universidad del Tolima y a las bibliotecas del Banco de la República de Honda y Girardot, que nos proporcionaron la bibliografía solicitada para esta recopilación.

Igualmente agradecemos al personal de los Museos del Oro en Bogotá. Museo del Río Magdalena y Museo casa Alfonso López Michelsen de Honda. Museo templo del convento de Santo Domingo, Mariquita. Museo de Antropología de la Universidad del Tolima. Museo de la Piedra del Sol de Nilo. Fundación Museo Arqueológico y de Historia Natural de Pasca y Museo Panche del Colegio Atanasio Girardot de Girardot y el BioMuseo de ciudad de Panamá.

También agradecemos a muchas personas que nos atendieron en los sitios importantes de la cultura Panche como: El calendario solar en Nilo, el Parque Natural Cerro Sagrado del Quininí, el Mirador de Tibacuy, la Laguna de Salcedo en Apulo y el petroglifo de los amantes de Viotá. A google y sus imágenes gratuitas.

Finalmente agradecemos a las autoridades y al personal del Centro Cultural del Banco de la República de Girardot, a los niños, niñas y sus padres de familia que asisten al Club Infantil de Lectura, por todo su apoyo y entusiasmo. A Dios y a la Vida por darnos esta hermosa experiencia de conocer y difundir nuestra cultura Panche.

BIBLIOGRAFÍA

1. BLASCO, Lucía. BBC News Mundo. 2022. https://www.bbc.com/mundo/resources/idt-3c7cd43a-42e9-4379-a5f1-a02af109fabf
2. DE ZUBIRÍA, Miguel. *Cómo funciona la mente humana.* Fundación Internacional de Pedagogía Conceptual Alberto Merani. Bogotá. 2009 p.100
3. https://es.wikipedia.org/wiki/Pueblos_nativos_de_los_Estados_Unidoshttps://es.wikipedia.org/wiki/Pueblos_nativos_de_los_Estados_Unidos
4. DE LA CRUZ ZAMORA AYALA, Verónica. *Asentamientos prehispánicos en territorio guanajuatense.* En: Atlas Histórico de América-Compressed_pdf
5. CASTAÑO URIBE, Carlos. *Prueba-del-libro CHIRIBIQUETE*, pdf
6. https://www.uv.es/ivorra/Historia/Cero.htm
7. https://es.wikipeia.org/wiki/Era_com%C3%BAn
8. https://www.iwgia.org/es/mexico/4792-mi-2022-mexico.html#:~:text=En%20M%C3%A9xico%20habitan%2068%20pueblos,que%20juntas%20re%C3%BAnen%20364%20variantes.
9. https://www.worldhistory.org/trans/es/1-11151/cultura-maya/
10. https://es.wikipedia.org/wiki/Edad_de_la_Tierra

11. ARANDA ORTEGA, Javier Fernando. *Seminario el idioma abeki pinao, clase 01, 2022.* https://www.youtube.com/watch?v=BPQhR2vVyR4&ab_channel=ibamacaimaPermacultura.Pijao
12. https://www.rupestreweb.info/chiribiquete2.html
13. https://www.ngenespanol.com/traveler/cuantos-pueblos-indigenas-hay-en-america-latina/
14. RICO CALDAS, Miguel Ángel. *Historia y geografía de Tocaima.* Biblioteca Pública de Tocaima.
15. PRIETO, Edgar Eduardo. *Centro histórico de Honda.* Universidad Javeriana, Bogotá 2009
16. BECERRA, Virgilio. *Sociedades agroalfareras tempranas en el altiplano cundiboyacense.* Departamento de Antropología, Universidad Nacional. pdf.
17. PEÑA LEÓN, Germán Alberto. *Pescadores de los raudales del río Magdalena durante el periodo formativo tardío.* Instituto de Ciencias Naturales, Universidad Nacional. Resumen. En: https://revistas.unal.edu.co/index.php/cal/article/view/36391/38010
18. https://tomi.digital/es/55035/familia-linguistica-colombianas?utm_source=google&utm_medium=seo
19. https://es.wikipedia.org/wiki/Muiscas
20. https://divulgark.wixsite.com/divulgark/cartillalospanches

21. PARDO ROZO, Maximino y LUNA RAMÍREZ, Jairo Alberto. *Memoria Ancestral.* Biblioteca Municipal de La Mesa, 2021
22. RODRIGUEZ CUENCA, José Vicente y CIFUENTES TORO, Arturo. *Los Panches.* Secretaria de Cultura de Cundinamarca. 2003
23. https://publicaciones.banrepcultural.org/index.php/fian/article/view/5434
24. GARZÓN ESPINOSA, Sergio Andrés. *Un viaje por las Juntas de Apulo.* Biblioteca de Apulo, 2014
25. MARTÍNEZ TRUJILLO, Ángel Antonio. *Los inconquistables Panches del Magdalena.* Pdf.

Printed by Books on Demand GmbH, Norderstedt / Germany